Fla Regreb

Opachewskys sind verwandt mit Grabowskys

Kurzgeschichten

© 2024 Fla Regreb

2. Auflage

Illustration: Erika Dahm

Herstellung und Verlag:

BoD – Books on Demand, Norderstedt

ISBN: 9783759704429

Dieses Buch ist unserer Enkeltochter Naomi gewidmet, mit der wir viele schöne Stunden verbracht haben

Inhaltsverzeichnis

Prolog

Enkeltöchterchen Naomi ging mit ihren fünf Jahren in den Kindergarten in Neukirchen – und dort ging sie wirklich gerne hin. Unsere Tochter Karen und unser Schwiegersohn Erik hatten sich in dem dörflichen Ortsteil Rhina ein altes Fachwerkhaus mit einer großen Scheune als ihr neues Domizil gekauft.

Der Arbeitsplatz unserer Tochter bei der Firma Rensch in Uttrichshausen, nahe der bayrischen Staatsgrenze zu Hessen, einer Firma, die Fertighäuser produziert und verkauft, lag zwar „nur" rund 80 Kilometer vom Wohnort entfernt, aber diese Strecke nahm Karen sportlich.

Unser Schwiegersohn ist der künstlerische Typ; er malt gerne und Musik ist Hobby und Beruf zugleich. So lag es denn auch nahe, dass die Scheune zum Musikstudio umgebaut wurde. Um aber den Grundstein für eine eigene Musikschule legen zu können, musste er erst einmal mit seinem Talent bekannt werden und das wiederum ging am besten durch Unterrichtsstunden an Schulen und Kindergärten in der Umgebung.

So, beide Elternteile waren also ganztags oder teilweise beschäftigt und so fiel uns Großeltern die Aufgabe zu, Naomi zwei- oder dreimal pro Woche mittags im Kindergarten und später in der benachbarten Grundschule abzuholen – was wir auch gerne taten.

Manchmal wurde Naomi abends wieder bei uns abgeholt, manchmal blieb sie auch über Nacht oder verbrachte ein ganzes

Wochenende bei uns. Sie hatte zwar ein eigenes Zimmer, aber es gab doch viele Nächte, in denen nächtliches Getapse zu unserem Schlafzimmer führte. Die kleine Göre hatte schnell heraus, dass ein Einstieg ins Bett auf Omas Seite fast unweigerlich ins eigene Bett zurückführte. (Wenn Oma Renate „nein" sagt, dann ist das „nein"; bei Oma Christa und Opa Hans-Jürgen wurde ihr wohl eher nachgegeben).

Zu Naomis Lieblingslektüre gehörten, wenn sie bei uns war, von Eric Carla „Die kleine Raupe

Nimmersatt" und „Der Maulwurf Grabowsky" von Luis Murschetz. Bald konnte Naomi den Text auswendig und sobald man eine beliebige Bildseite aufschlug, zitierte sie den Text dazu.

Naomis ständige Begleitung war das „Nannchen", eine kleine, weiche Stoffpuppe und wehe, die war nicht mit auf die Reise gegangen.

HIER WOHNT FAMILIE
OPACHEWSKY

Herr „Opachewsky" tritt in unser Leben

Irgendwann im Frühjahr auf dem Weg zum nahegelegenen neukauf-Markt entdeckten wir frische Maulwurfshügel auf einem Wiesengrundstück am Straßenrand. „Oh, hier war Herr Grabowsky wohl am Werke", ließ ich als Bemerkung fallen. „Ach nein, das ist ja sein Schwager Opachewsky". Und so ging dann unsere Geschichte los, die sich über ein paar Wochen hinzog.

„Ach, Donnerwetter, das ist ja ein riesiges Haus, in dem Herr Opachewsky lebt", spann ich. Der Name war so geläufig, weil meine Schwägerin Adi, die aus Bochum im Ruhrgebiet stammte, „mein lieber Herr Opachewsky" als Ausspruch bei verwunderlichen Geschehnissen gebrauchte.

„Oh, da ist ja auch seine Frau Henriette, die steht da am Küchenherd und brät gerade zum Frühstück Spiegeleier". „Und das kannst Du alles sehen?" fragte Naomi ungläubig, „Klar und auch, dass die Eier gleich zu verbrennen drohen, weil sie während der Arbeit zum Fenster herausschaut". „Aber ich kann das gar nicht sehen", kam als Protest. „Nein, das können nur Opas sehen". „Oma, kannst Du das auch sehen?" Oma wollte sich nicht in diese Geschichte hereinziehen lassen und erklärt ihr, dass eben nur Opas so etwas scheinbar sehen können.

„Gerettet, Frau Opachewsky nimmt endlich die Pfanne vom Herd und geht damit rüber ins Esszimmer", spann ich weiter. „Ups, da ist ja für vier Personen eingedeckt, ich sehe doch nur das Ehepaar. Ob sie wohl noch Besuch erwarten? Hörst Du auch das Gebell, Naomi? Da gibt es wohl noch einen Hund. Deshalb hat Frau Henriette aus dem Fenster geschaut; sie wollte wissen, was Strupp da draußen im Garten treibt. Schade, dass Du Strupp nicht auch sehen kannst. Ich finde, er hat seinen Namen zu recht bei dem strubbeligen Fell verdient. Ob sein Name wohl davon kommt oder ob es nur eine Abkürzung von Struppi ist?"

„Kralle“, rief Frau Opachewsky, „komm endlich runter und bring Deine Schwester mit“. Kralle? Das sollte sicherlich Kalle heißen und eine Abkürzung von Karl-Heinz sein? Da kam nun Kralle und tatsächlich, er hat an seinen Fingern besonders lange Fingernägel, die er zum Graben brauchte und die richtige Krallen waren. Wie mochte wohl seine Schwester heißen? Keine Ahnung, niemand nannte sie beim Namen. Beide Kinder setzten sich brav an den Frühstückstisch, strichen Butter auf den Toast und ließen sich von Mutter Henriette ein Spiegelei danebenlegen.

„Wie heißt denn der Vater mit Vornamen?" wollte Naomi wissen. „Keine Ahnung, da müssen wir auf dem Rückweg vom Einkauf mal aufs Klingelschild am Hauseingang schauen".

So schnell waren wir noch nie mit dem Einkauf fertig, denn schließlich sollte das Geheimnis mit des Vaters Vornamen doch möglichst noch gelüftet werden. Wir kamen also wieder bei dem vierten, dem größten Hügel vorbei. Da war ja nach meiner

Behauptung der Eingang des Hauses der Opachewskys. „Piotr Opachewsky steht da am Klingelschild“, stellte ich fest. „Piotr, ein schöner Name“, erklärte ich Naomi, „das ist eigentlich der deutsche Peter und hat altgriechische Wurzeln mit der Bedeutung „der Fels“ oder „der Stein“. Vielleicht ist ja Piotrs Vater kurz vor der Geburt seines Sohnes bei Grabungen auf einen großen Stein gestoßen und dabei auf den Namen für seinen Jungen gekommen.“ „Und wie heißt nun die Schwester von Kralle“? „Keine Ahnung“, sagte ich, „vielleicht erfahren wir das beim nächsten Mal, wenn wir hier wieder vorbeikommen".

Bei Opachewskys wurden über Nacht Ställe errichtet

Am nächsten Morgen, einem Samstag, hätte Naomi am liebsten auf das Frühstück verzichtet, um so schnell wie möglich zu Opachewskys zu kommen. Neue Maulwurfshügel waren entstanden und dazu gehörte natürlich auch eine Geschichte.

„Da hat Piotr aber fleißig gebaut", behauptete ich. „Und was ist entstanden?" wollte Naomi wissen. „ Stallungen für Kühe, Ziegen, Schafe und Hühner. Die Schafe sind schon auf der Weide", erzählte ich, „aber die Kühe und Ziegen stehen noch im Stall, weil sie ja noch gemolken werden müssen. Piotr kümmert sich um die Kühe. Seine Arbeit wird durch eine Melkmaschine erleichtert. Vorsichtig reibt er die Euter der Kühe, an die das Gerät angeschlossen werden soll, gerade mit einem Tuch sauber, damit nicht irgendwelche Keime in die Milch kommen können. Der Reinigungsvorgang bei Henriettes Ziegen ist der gleiche, nur muss seine Frau die Tiere mit der Hand melken". „Sind das viele Tiere?" „Ach, soll ich die jetzt etwa zählen? Ich glaube, es sind ungefähr 50 oder 60 Kühe und bestimmt mindestens 20 Ziegen. Ich denke, wenn die beiden jetzt mit dem Melken anfangen, werden sie fast gleichzeitig fertig werden.“

Piotrs Kühe

„Und sehen die genauso aus, wie die bei Kettlers, die den großen Bauernhof bei uns haben?“ „Kettlers haben, glaube ich, nur schwarz-weiß gefleckte Tiere“. „Das heißt schwarz-bunt, haben Kettlers gesagt“; belehrte mich Naomi, „aber Herr Kettler konnte mir auch nicht erklären, warum das „bunt“ heißt, wo doch schwarz gar nicht bunt ist, finde ich“. „Wusstest Du eigentlich, das Rindviecher nur ganz undeutlich sehen können und eigentlich auch nur grün und blau. Bei der roten Farbe haben sie noch mehr Schwierigkeiten, etwas zu erkennen; deshalb stimmt es gar nicht, dass sie Leute mit roter Kleidung oder den Torero in der Stierkampfarena wegen des roten Tuches angreifen. Zu dem rennen sie nur wegen des Schmerzes hin, der ihnen vorher zugefügt wurde, und wegen des wedelnden Tuches, um ihn mit den Hörnern zu treffen. Aber um Deine eigentlich Frage zu beantworten, hier laufen auch braune und ganz hellbeige Kühe nach dem Melken raus auf die Weide.“

Opachewskys Hühnervolk

Ich dachte, jetzt könnten wir weitergehen, aber da kam prompt die Frage: „Und was ist mit den Hühnern?" „Dem Federvieh geht es richtig gut. Da stehen lauter Wohnwagen für Hühner auf der Weide, in denen die Hennen mit ihrem Hahn übernachten und vor dem Fuchs nachts geschützt sind, der ihnen sonst den Kragen womöglich umdreht. Das sieht so aus, als wären das lauter Familien, die sich auch gegenseitig beim Picken im Gras besuchen und unterhalten, aber am Abend spätestens wieder mit ihren Hahn in den Wagen einziehen, in den sie gehören. Und wenn sie ein Ei legen wollen, klettern sie auch die Leiter hinauf in ihre Wohnung und kommen dann mit lautem Gegacker wieder auf der Wiese zum Vorschein. Unter dem Wohnwagen ist auf der linken Seite ein breiter offener Kasten mit Körner, da picken ein paar von den Hennen fleißig herum, die anderen scheinen aber entweder das Gras oder die Regenwürmer in der Wiese zu bevorzugen. Auf der rechten

Seite des Wagens ist so etwas wie eine Regenrinne, in der Wasser steht, damit sie auch was zu trinken haben. Und wenn der Wasserstand zu weit abgesunken ist, weil bei all den Vögeln der Durst so groß war oder die Sonne dafür gesorgt hat, dass ein großer Teil der Flüssigkeit verdunstet ist, dann sorgt ein „Schwimmer" wie bei unserem Toilettenkasten, den wir gestern zusammen repariert haben, dafür, dass wieder Wasser aus einem Tank nachgefüllt wird – das ist ja richtig praktisch." „Kannst Du auch sehen, was das für Hühner sind?" „Ach Du grüne Neune, von Hühnerrassen habe ich aber gar keine Ahnung, Naomi. Aber weißt Du was, wir gehen jetzt heim und schauen mal im Lexikon nach. Mal sehen, ob ich sie da wieder erkenne und sie Dir zeigen kann".

Im normalen Lexikon haben wir zwar viel Wissenswertes über Hühner gefunden, aber die Rassen ändern sich durch Neuzüchtungen und Kreuzungen doch im Laufe der Jahre immer wieder, so dass uns unser altes Nachschlagwerk da nicht richtig weiterhelfen konnte. Aber im Internet kann man natürlich „googlen" und tatsächlich fanden sich da einige wieder.

Witzige Namen gibt es da: Kraienköppe, Amrock, Annaberger Haubenstrupphuhn, Dänisches Lutterhuhn, Eulenbarthuhn, Plymoth Rock oder Orpington.

Und es gibt fleißige Hennen, die 250 oder gar 300 Eier im Jahr legen, aber auch faule Hühner, die es mal gerade auf eine Produktion von 100 Stück bringen.

Und dann sind da auch Rassen, die wohl am besten als Suppenhuhn nach der Schlachtung in den Kochtopf wandern. Fleißige Körnerpicker sind sie, wenn sie ein Salatblatt finden, sind sie ganz begeistert und um einen Regenwurm können sie sich richtig streiten. Es gibt Kleinwüchsige und Große, wie bei uns Menschen, und mit dem Aussehen ist es genauso bestellt, manche sind richtig hübsch, einige sehen recht alltäglich aus und dann gibt es welche, die haben sich richtig „aufgemotzt" mit einem besonderen

Häubchen auf dem Kopf oder einem scheinbar dicken Schal um den Hals.

Kralle und Mausi

Nach dem Mittagessen mussten wir natürlich gleich wieder mit Naomi zu Opachewskys; da hatte ich etwas angezettelt.

„Da ist ja Kralle", sagte ich zu Naomi und zeigte auf einen kleinen Maulwurfshügel links. „Nach dem Mittagessen sitzt er dort an seinem Schreibtisch und zeichnet etwas, bestimmt muss er seine Hausaufgaben für die Schule nach dem Mittagessen erledigen. Also ist das gewiss auch sein Zimmer. Da rechts an der Wand steht ein Stockbett".

„Ob er hier wohl mit seiner Schwester schläft?" „ Da müssen wir mal näher herangehen. Oh, das ist ja toll. In der oberen Etage des Bettes schläft er und unten hat er sich ein Indianerzelt eingerichtet, da spielt er dann sicherlich oft mit seinen Freunden. An der gegen-überliegenden Wand steht ein Kleiderschrank, nein nur links sind seine Klamotten, rechts hat er ganz viele Bücher und Spielsachen. Aber da sollte er mal ordentlich aufräumen, das liegt ja wir Kraut und Rüben alles durcheinander, fast so wie es bei Dir manchmal aussieht.

Mal sehen, was er heute als Hausaufgabe erledigen muss. Das sieht nach Mathe aus. Wie hoch darf ein Tunnel höchstens sein, damit er nicht einstürzt, wenn er eine Breite von 15 cm hat: a) bei einem Sand-Erde-Gemisch, b) bei Gartenerde und c) bei Lehmboden. Oh, da muss er ganz schön viel beachten, um diese Aufgabe richtig zu lösen. Aber das ist natürlich für Maulwürfe überlebenswichtig, wenn sie bei ihren Grabungen nicht verschüttet werden wollen.

E=mc²
scientia potentia est
2+2=5!
Genitiv in's Wasser, weil's Dativ ist.

Der Nachbarraum ist aber ganz eindeutig das Zimmer seiner Schwester. Auf dem unteren Regal sitzen lauter Puppen und Teddys, der eine hat ein besonders zotteliges Fell. Auf dem Regalbrett darüber stehen viele Kinderbücher – schau an, auch sie liest die „Kleine Raupe Nimmersatt" - und darunter hat sie bestimmt so 40 kleine Modellautos in allen Farben auf dem dritten Regalbrett stehen. Da liegt ein Fotoalbum, wollen wir mal die erste Seite uns anschauen? „Mausi an ihrem vierten Geburtstag". Ha, jetzt wissen wir endlich auch wie Kralles Schwester heißt: Mausi!“

„ Und wo ist Mausi?“ will Naomi wissen. „Keine Ahnung“, behaupte ich, „vielleicht ist sie bei einer Freundin? Nein, umgekehrt, eine Freundin ist bei ihr und beide hocken auf einer Bank vor der Haustüre. Zwischen ihnen liegt eine graugetigerte Katze mit vier Kleinen, die erst ein paar Tage alt sein können. Die genießen es so richtig, von den beiden gekrault und gestreichelt zu werden. Ganz leise schnurren alle genüsslich vor sich hin. Gerade steht die Alte auf und streckt sich, aber die Kleinen bleiben ganz ruhig liegen, damit die Mädchen nur nicht mit ihren Streicheleinheiten aufhören.

Oh weh, da kommt Strupp mit wildem Gebell angerannt, nun ist es gleich mit diesem friedlichen Anblick vorbei, denke ich, aber Strupp bremst früh genug sein stürmisches Tempo ab, kommt ganz vorsichtig näher, beschnüffelt die Kätzchen und leckt der Kleinsten vorsichtig über das Fell. Ach, und die dreht sich auf den Rücken, damit Strupp ihr den Bauch massieren kann.“

„Muss eigentlich Kralle noch immer seine Hausaufgaben erledigen?“ möchte Naomi wissen. „Ja, ich fürchte er kommt mit der Aufgabe b) nicht so richtig weiter. Dabei höre ich schon das Indianergeheul seines Freundes in der Ferne, der ihn damit sicherlich zu sich locken will. Vielleicht sollte Kralle mal eine Pause machen und sich dann noch einmal an die Aufgabe machen, jetzt habe ich eher den Eindruck, dass er so wie so nicht weiterkommen wird“.

Strupp hat viel zu tun

Ein schriller Pfiff durchschneidet den ruhigen Nachmittag und Strupp spitzt die Ohren. Vorsichtig zieht er sich von den Kätzchen zurück, damit sie sich nicht erschrecken und verschwindet rasch hinter dem Stall. Nun muss er erst für Piotr die Kühe zum Melken von der Weide holen, wenn das geschafft ist, kommen die Ziegen für Henriette dran. Die Reihenfolge ist immer die gleiche vom Frühjahr bis zum Herbst. Die Rinder dürfen dann nach der Melkprozedur wieder zurück auf die Weide, die Ziegen aber bleiben im Stall, seit man gehört hat, dass sich möglicherweise Wölfe in der Gegend herumtreiben. An die Kühe wagt sich Isegrimm nicht ran, da hat er doch Respekt vor deren Hufe und Hörner, aber eine Ziege oder ein Schaf könnten leichte Beute werden. Die Schafe treibt Strupp erst etwas später zusammen, damit sie den Melkbetrieb nicht stören. Für diesen Auftrag wartet er auf einen besonderen Pfiff von Henriette oder Piotr, je nachdem, wer mit seiner Arbeit zuerst fertig wird. Diese Arbeit dauert immer am längsten, weil die Schafe sich immer stur anstellen, überall stehen bleiben, um Gras zu fressen, obwohl sie doch den ganzen Tag dafür Zeit gehabt hätten. Da denkt auch Strupp manchmal: dämliche Schafe!

„So, Naomi, ehe jetzt unsere Oma sich Sorgen macht, wo wir verblieben sind, werde ich Dich jetzt, wie Strupp es machen würde, wieder nach Hause treiben. Wuff!“

Das Mittagessen war noch nie so

schnell von unserer Kleinen verputzt worden, obgleich wir uns eigentlich ohnehin bei ihr diesbezüglich nicht beschweren konnten. Mittagsschlaf? Musste das sein? Ja, musste sein. Ich dachte schon, dass der Schlaf sicher nach zehn Minuten beendet sei, aber glücklicherweise hat sich Morpheus doch ihrer für eine Stunde bemächtigt.

„Wie sieht es denn mit einem Eis aus?" fragte Oma. „Och nee, wir könnten doch ein Stück spazieren gehen", schlug Naomi vor, „es ist doch so schönes

Wetter“. So begeistert war das Kind eigentlich nie, wenn es ums Laufen ging. Oma grinste: „Gut, dann gehen wir aber rechts durch die Gasse am Haus und im größeren Bogen zu Deinen Opachewskys.“ „Wenn`s sein muss“, nörgelte Naomi, „dann okay“.

Veddersen kommen ins Spiel

Im Eiltempo wurde nun unsere nachmittägliche Runde absolviert, es war schließlich keine Zeit zu verlieren, um die nächste Geschichte von den „Unterirdischen" zu erfahren.

Gut fünfzig Meter weiter war auf der anderen Straßenseite ein neues, großes „Hügelparadies" entstanden. Was bedeutete das wohl? Das war offensichtlich eine ganz andere Familie. Ihr

Fell war nicht so schwarz, wie das von Opachewskys, die wohl immer noch die Tracht der Kumpels aus dem Kohlenpott trugen und auch deren fast schwarze Hautfarbe vom Kohlenstaub angenommen hatten. Hier die Neuen hatten einen helleren Pelz, nicht ganz blass, aber eben doch heller.

„Moin", hörte ich den Alten rufen, als er die Treppe in den Hausflur heruntergepolter kam. Und „moin, moin", tönte es etwas zarter vermutlich von seiner Frau. „Da brat mir doch einer `nen Storch", sagt ich laut, „die müssen wohl aus Norddeutschland von der See kommen." „Helge Veddersen", las ich laut vor, „steht jedenfalls an deren Gartentor und dann werden sie wohl auch so heißen. Veddersen habe ich mal auf Föhr beim Bäcker kennengelernt und ja, der Alte könnte von da oben kommen. Na ein verknittertes Gesicht, so von der Seeluft gegerbt, hatte er ja. Schwarz wird man an der See auch nicht gerade, es sei denn, man bleibt zu lange in der Sonne liegen. Aber dann wird es auch eher ein gefährliches Rot, wie es so bei einem Sonnenbrand üblich ist, und davor wissen sich die alten Seebären an der Küste schon zu schützen“.

„Haben die denn auch Kinder?“ wollte Naomi natürlich wissen. „Keine Ahnung, ich habe noch keine gesehen. Eigentlich sind Veddersen schon so alt, dass man meinen könnte, dass sie eher Enkelkinder haben; aber naja, dann haben sie natürlich auch Kinder, bloß müssen die wohl schon Erwachsene sein“, erklärte ich.

„Zu zweit ist es doch manchmal ganz schön einsam“, hörte ich Frau Veddersen sagen, „aber zum Glück wohnen ja die Gören nicht allzu weit weg von uns. So können sie uns wenigstens an den Wochenenden, wenn sie nicht gerade etwas anderes vorhaben, besuchen. Und Du bist schließlich auch ein heiß geliebter Opa, der sich ständig etwas Neues einfallen lässt, mit denen Du sie beschäftigen kannst“. „Aber schwimmen haben sie bei Dir gelernt“, knurrte Helge, „dafür hätte ich auch keine Geduld gehabt. Ich hätte sie einfach im Sommer in die See gejagt. Aber Du hattest sicherlich Recht, als Du meintest, dann würden sie bei dem stürmischen Wetter wohl kaum ins Wasser kommen. Und ich habe schon gemerkt, dass Du den Kleinen nicht die kalte See zumuten wolltest, sondern sie lieber im warmen Wasser im Hallenbad daran gewöhnen wolltest, dass Wasser eben keine Balken hat". Nun denn, jetzt wussten wir es schon genauer, dass es also Enkelkinder gibt, dass sie inzwischen schwimmen konnten und offensichtlich mit den Großeltern in den Ferien an die See reisten. Vermutlich war es die alte Heimat der Veddersen, die dann doch immer mal wieder lockte. "Oh, da kann man ja einen Blick in den Hobbyraum vom alten Veddersen werfen. Da liegen jede Menge Muscheln auf der Werkbank und darunter altes Holz, so wie es oft am Strand von den Meereswellen ange-spült wird. Und drüben auf dem Regal stehen ein paar leere Wein- oder Rumflaschen. Nein, Veddersen ist sicherlich kein Trinker, obgleich er sich bestimmt am Abend mit seiner Frau mal einen Schluck genehmigen wird. Vor allem im Winter wärmt das auch ganz schön. Aber ich glaube, er sammelt die leeren Flaschen, um daraus „Buddelschiffe" zu basteln. Und deshalb liegen da auch in der einen Ecke lauter Fäden für die Takelage und irgendwelche Stoffreste von Leinen, das dann als Segeltuch herhalten muss. Vielleicht ent-decken wir ja in den nächsten Tagen mal eines seiner Werke".

Nachbarschaftshilfe

Bei Naomis nächstem Besuch hatte es drei Tage lang in Strömen geregnet und das war Anlass genug für eine neue Geschichte. Wir drei zogen also wieder los, um uns „auslüften" zu lassen. Es war tatsächlich noch ein wenig windig, hielt uns und vor allem Naomi aber nicht davon ab, doch im Hügelgebiet der Opachewskys anzuhalten. Ich merkte schon, wie Naomi nach einer neuen Geschichte fieberte.

„„Ach Du liebes Bisschen, was ist

denn da geschehen?“ rief ich aufgeregt. „Da ist wohl bei dem Regen die Welt untergegangen. Die Wege sind alle verschlammt oder zugespült. Und da kommt Herr Opachewsky mit einem riesigen Schieber an, um den Matsch vor sich herzuschieben und auch Herr Veddersen hat so ein Gerät. Beide laufen in die gleiche Richtung, um die Brühe von Opachewskys Haus wegzudrücken“.

„Hab ich mir doch gleich gedacht“, knurrte Veddersen, „im Bergbau habt ihr nur das

Buddeln und Verstreben von Gängen gelernt, aber Wassereinbrüche gab es wohl in eurem Revier nie? Na, bei uns auf der Insel hat man immer mit dem blanken Hans, der rauen und angriffslustigen See, zu rechnen, und deshalb ziehen wir Gräben um unsere Gehöfte und leiten sie schräg nach unten ab. Wenn wir diesen Matsch hier halbwegs bei euch vor der Türe weg haben, zeige ich euch mal, was ich meine, und helfe mit, euer Grundstück trocken zu legen". Und so kämpften sie Schulter an Schulter gegen den Modder vor der Türe.

Bei Frau Opachewsky war auch Frau Veddersen inzwischen in ihrem Element, denn sie putzte nicht nur für ihr Leben gerne, sondern schnuddelte bei der Gelegenheit auch gerne mit der sympathischen Frau Opachewski. „Ach, machen Sie sich mal nichts aus diesem kleinen Unglück, es ist ja glücklicherweise kaum etwas in die Wohnung gekommen. Die Tür war ja ganz schön dicht, lag wohl an der Leiste, die sie unten gegen den Luftzug angebracht hatten. Wir haben so etwas bei uns früher öfter erlebt, wenn vom Festland neue Leute gebaut haben, deren Architekten auch gar keine Ahnung von Wetter und Stürmen hatten und die Häuser so bauten, wie sie es in der Großstadt gewöhnt waren. Wenn wir den Bauherren Tipps geben wollten, sagten die immer nur, dass ihr Architekt schon wüsste, was richtig ist, und wenn sie dann „absoffen", waren sie dankbar, wenn wir ihnen zu Hilfe eilten. Eigentlich verrückt, aber wir haben uns an diese Situation gewöhnt". Als alle dann klar Schiff gemacht hatten, hat Frau Opachewsky erstmal eine gute Tasse Kaffee und den Rest vom Sonntagskuchen auf den Tisch gestellt. Anschließend griffen die Männer nochmal zu Spaten und Schaufel und begannen zunächst mal so einen „Ringkanal“ ums Haus zu legen. „Das is‘ man nur der Grundriss, muss aber noch viel tiefer werden, damit auch der Starkregen abfließen kann“, brummelte Veddersen, „Und wenn wir morgen weitergemacht haben, gibt’s zur Belohnung einen Köm“. „Einen was?“ fragte Opachewsky verduzt. „Einen Schnaps, einen Klaren, Du Landei“, schmunzelte Veddersen.

„Da haben wir ja richtig Glück gehabt, dass uns der Regenguss nichts getan hat und unsere Regenfässer an der Dachrinne ihre Dienste geleistet haben“, sagt ich zu Naomi und zog sie schnell weiter, bevor ich noch etwas hätte „sehen“ müssen.

Grillen Opachewskys und Veddersens tatsächlich heute?

Am Mittag waren Erde und Gras noch feucht, aber die Sonne knallte ganz schön auf die Nässe. Die Feuchtigkeit verdampfte in der Wärme und es sah fast so aus, als würde es im Opachewsky-Land qualmen. Da ritt mich doch wieder der Teufel und ich behauptete, die beiden Familien säßen in ihrem Garten und würden grillen. Was gibt es denn bei denen?" wollte Naomi wissen. Sollte ich mal ein wenig von meiner Spinnerei und Vermenschlichung abkommen. „Heute stehen die alten, traditionellen Gerichte von Maulwürfen auf dem Speisezettel. Sie haben da eine Schüssel mit Wurzelsprossen und eine große Platte, auf der liegen kleine Regenwürmer, Engerlinge, ein paar erlegte Ameisen und irgendwas, was ich auch nicht kenne".

„Da haben Sie aber eine große Auswahl aufgetischt", hörte ich Herrn Veddersen sagen. „Ach, das ist doch ein ganz bescheidenes Mahl", hörte ich Frau

Opachewsky sagen. „Meine Kinder haben die Wurzeln gesammelt, aber immer von jeder Pflanze nur wenige Stückchen, damit sie noch weiter wachsen können. Und das Fleisch haben Sie ja zum Teil auch beigesteuert. Ich bin mal gespannt, wie der Strandhafersalat von Ihrer Frau schmeckt. Sie meinte, er wäre sicherlich ein wenig gewöhnungsbedürftig, weil er doch recht salzig sein kann.

Aber ist ja klar, der Salzgehalt vom Meerwasser dringt ja in die Pflanzen ein und macht sie so

schmackhaft und kräftig ge-
würzt".

„Wo bekommen die denn da
unter der Erde Feuer her?"
wollte Naomi wissen. „Nun, es
kann zwar tatsächlich auch
unter der Erde brennen. Das hat
man oft bei Grubenbränden in
den Kohlebergwerken, aber
auch schon mal im Moor, wenn
sich dort der Torf entzündet. Es
ist dann oft viel schwieriger zu
löschen als ein normales Feuer,
weil man so schwer da
rankommt. Aber ich glaube, die
dünsten das alles nur in den
Sonnenstrahlen und das ist gar

kein Qualm von einem Feuer, das würde man ja auch riechen. Das ist nur die Wärme von den Sonnenstrahlen, die das Regenwasser auf dem Gras verdunsten lässt".

Na, da hatte ich ja wohl gerade noch die Kurve bekommen, um mich nicht in noch größere Unwahrscheinlichkeiten zu verstricken.

WILLKOMMEN
FAMILIE
OPACHEWSKY

Für den Menschen scheinbar nützlich, für den Maulwurf von Nachteil.

Beim Spaziergang am Abend stellten wir fest, dass eine ganze Reihe der Maulwurfshügel platt waren. Was war denn da geschehen? Naomi wollte auch wissen, ob die Häufchen vielleicht in sich zusammengestürzt waren.

„Da müssen wir mal bei Opachewskys nachfragen“, schlug ich vor. „Ich kann doch gar nicht fragen, ich höre und sehe sie ja gar nicht“, maulte Naomi, „und Du sagst, da sollten

„wir" mal nachfragen". „Okay, okay, ich frag mal, aber noch sehe ich sie gar nicht. Ach, da drüben stecken sie. Beide Männer haben einen Bauhelm aufgesetzt und schimpfen laut". „Warum zetern die denn?" „Weil ihnen irgendjemand auf die Köpfe getreten und dann ihr Bauwerke fast zum Einsturz gebracht hat".

„So ein Blödsinn", fluchte Veddersen, „die sind ja hier genauso bekloppt, wie bei uns auf der Insel. Da kommen die Leute mit Schippe und Eimer und heben die lockere

Erdschicht auf unseren Hügel ab, schleppen das Zeug in ihre Gärten und tönen rum, dass das ganz tolle, lockere Gartenerde ist und ihre Tomaten und der Kohl nun besser wächst. Aber dass die locker von uns aufgeworfene Erde besser den Regen aufnahm und nicht gleich in die Gänge laufen ließ und das Material auch ein Wärmeschutz für unsere Wohnung ist, scheint die gar nicht zu interessieren. Und außerdem sind viele Hügel jetzt in sich instabil geworden und drohen nach innen wegzurutschen“.

„Oh, und ich habe fürchterliche Kopfschmerzen, weil einer dieser Knallköppe mit der Schippe den Hügel platt machen wollte und mir dabei mit dem Blechding auf die Rübe gehauen hat“, murrte Opachewsky. „Die haben keine Ahnung, was sie uns damit antun und welche Arbeit wir nun wieder mit der notwendigen Reparatur haben. Vorsichtshalber habe ich auch mal einen Helm aufgesetzt, falls noch mal so ein Typ vorbeikommt. Noch so einen Schlag auf meinen Kopf und ich muss die nächsten Tage aufs Krankenlager.“

„Ich habe aber auch keine Idee, wie wir eine Wiederholung von dieser Dämlichkeit verhindern könnten“, überlegte Veddersen. Wir haben mal auf unserer Insel mit allen Inselmaulwürfen in einer Nacht einen ganzen Garten von so einem Erdesammler umgegraben. Da hatte er dann weiche, krümmelige Erde genug. Aber das Endergebnis war eine fürchterliche Rachetat von dem Gartenbesitzer, denn er hat dann aus lauter Wut Gas und Rauch in unsere Bauten geblasen und wenn wir nicht schon darauf gedanklich vorbereitet gewesen wären, hätten es wohl nur wenige unbeschadet überstanden. Nein, ich habe da auch keinen guten Ratschlag, Herr Nachbar, das müssen wir wohl einfach Jahr für Jahr so über uns ergehen lassen, bis mal eine Generation kommt, die nicht so gartenfanatisch ist und dem Nachbarn beweisen muss, dass er den größten Kürbis, die längste Gurke oder die größte Sonnenblume auf seiner Plantage hat“.

„Weißt Du, was gut an der Sache ist“, knurrte Veddersen, „wenn wir den Schaden behoben haben, können wir uns am Abend gemütlich auf unsere Bank vorm Haus setzen und wieder einen Köm verpitschern“. „Und ich weiß dann nicht, ob meine Kopfschmerzen durch dem Schlag von der Schippe oder von Deinem Schnaps kommen“, lachte Opachewsky.

Ratten und andere Probleme

Die beiden hockten sich dann tatsächlich am Abend zusammen und, nachdem die Kinder ins Bett gebracht worden waren, kamen auch ihre Frauen dazu. „Eigentlich leben wir hier ja ganz gemütlich", meinte Veddersen, „wenn nur die Mäuse in der Nachbarschaft nicht wären. Die graben ja überall und wahllos ihre Gänge, und lassen ihren ganzen Dreck einfach liegen. Ewig müssen unsere Frauen die Gänge putzen. Und es ist nicht nur

Erde und Sand, was weg-geräumt werden muss, sondern auch ihre Hinterlassenschaften lassen sie fallen, wo immer sie wollen und das stinkt nicht nur, es zieht auch Ungeziefer und Krankheiten an". „Vielleicht müsst ihr mal mit ihnen reden", meinte Frau Opachewsky, „nicht alle Mäuse sind solche Ferkel. Wir kommen mit den früher lästig erscheinenden Nachbarn inzwischen ganz gut aus und wenn es mal wieder nicht so klappt, klären das unsere Kinder miteinander, denn inzwischen kommen einige Mäusekinder auch zu Besuch zu uns".

„Schlimmer sind da Ratten", bemerkte Herr Opachewsky. „Bekannte von uns wohnen gleich an einem Kanal und da sausen diese schwarzen Viecher zu tausenden rum. Man sagt ja auch nicht umsonst, die vermehren sich wie die Ratten." „Ja", meinte Frau Opachewsky, „und die schleppen wirklich Krankheiten ein, lassen sich auch nichts sagen, weil sie wissen, dass sie stärker sind und man kann sich kaum ihrer feindlichen Angriffe erwehren.

Selbst wenn man Steine in den Gang schiebt, lassen sie sich nicht abhalten, einfach bis in die Wohnungen der Bekannten zu laufen und die Vorräte zu plündern". „Und was machen da die Bekannten?" fragte Frau Veddersen. „Erst haben sie überlegt, ob sie wegziehen sollten, aber man findet heute in der Nähe kaum geeignete Grundstücke mit einem Boden, der auch noch für Nahrungsmittel einer ganzen Familie sorgt. Also haben sie sich mit den Ratten geeinigt, dass sie einen kleinen Teil ihrer Vorräte dieser Brut freiwillig abgeben. Das ist zwar nicht schön, so erpresst zu werden, aber die Maulwürfe der Umgebung tun sich gerade zusammen, um dieser Invasion hoffentlich doch noch Herr zu werden."

Da haben es doch die Tiere manchmal etwas schwerer, mit solchen Situationen klar zu kommen. Wir Menschen würden die Polizei rufen, die Einbrecher und Diebe durch sie vertreiben lassen oder unser Hab und Gut bewachen lassen. Aber haben wir es wirklich dadurch besser, wenn wir andere Leute für unsere Rechte eingreifen lassen? Eigentlich machen wir es uns recht einfach, wenn wir andere dafür sorgen lassen, zu unserem Recht zu gelangen. Die Tiere müssen sich da selbst Gedanken machen, wie sie ihr Problem lösen; ob es da immer fair zugeht oder der ein oder andere einfach weggebissen wird, weiß man nicht genau.

Machen Maulwürfe auch Ferien?

„Frag doch mal, ob Opachewskys auch in den Ferien mit ihren Kindern verreisen?" wollte Naomi wissen. „Verreisen? Was ist das?" fragte erstaunt Frau Opachewsky. Ja, wie sollte ich es ihr erklären? „Erzähl ihnen doch einfach, wie wir das machen", meinte Naomi und begann dann von sich aus, einfach drauflos zu plaudern. „Ich bin in diesem Jahr in der ersten Woche der Ferien bei Oma und Opa, da gehen wir morgens erst einmal mit Gela, das ist der Hovawart von meinen Großeltern, eine große Runde spazieren und wenn wir wieder nach Hause kommen, macht Oma das Futter für Gela und Opa fängt an, den Frühstückstisch zu decken. Dabei helfe ich dann und trage alles aus der Küche auf den Tisch auf der Terrasse.

Als Gela noch jung war, hat sie manchmal ihren Futternapf nicht ausgefressen, weil sie sich wahrscheinlich für den Mittag was aufheben wollte. Aber das gab´s bei Oma nicht. Da hätten sich ja im Laufe des Tages die Fliegen über den Napf hergemacht. Also war schwupp-diwupp der Napf verschwunden und kam erst am Abend neu gefüllt wieder zum Vorschein. Da hat Gela schnell begriffen, dass man seine Portion hinter-einander auffressen muss.

Bei mir ist das nicht so schwierig, ich kann mir bei Frühstück ja vorher überlegen, was und wieviel ich essen möchte und mittags nehme ich mir, wenn es mal etwas gibt, das ich nicht kenne, nur wenig, um erstmal zu probieren, wie es schmeckt. „Nachnehmen kann man immer", sagt Oma und „probieren sollte man alles, damit man es kennenlernt und überlegen kann, ob man es auch in Zukunft mag".

Und dann haben Oma und Opa ganz viel Zeit, um mit mir zu spielen oder irgendwo hinzu-fahren, Rad zu fahren, Eis essen zu gehen oder Freunde zu besuchen. Manchmal geht Opa in den Garten, um Unkraut zu zupfen, wie er sagt. Das finde ich ganz schön langweilig und ich weiß auch gar nicht, was da

Unkraut und was richtige Pflanzen sind, die Opa ausgesät hat. Hauptsache ist natürlich, er kennt sich aus, aber er hat es auch schon mal fertiggebracht, irgendwelches Grünzeug heraus zu rupfen, das eigentlich hätte Gemüse werden sollen. Ha, da habe ich mich gefreut, dass auch er sich mal irren kann.

Und dann fahren wir zum Beispiel für eine Woche nach Eußenheim. Da gibt es eine Pension mit einem tollen klei-nen Hallenbad. Erst geht meist Oma mit mir schwimmen, aber dann wird es ihr zu kalt und sie muss aus dem Wasser raus und dann kommt Opa als Ablösung, der bei schönem Wetter draußen auf der Terrasse gelegen hat. Bei schlechtem Wetter geht er entweder inzwischen in die Sauna oder liegt neben dem Schwimm-becken auf der Liege und liest in einem Buch oder er unterhält sich inzwischen mit der Pen-sionsinhaberin, Frau Heuler, und hat es ganz gut im Gefühl, wann er Oma „befreien" muss.

Und, manchmal wandern wir auch ein Stück, das mache ich

allerdings nicht ganz so gerne und da gab es auch schon Tage, wo ich heftig protestiert habe und Oma und Opa auch gesagt habe, dass sie mich totgewandert haben. Oder wir haben Fahrradtouren gemacht. Das war aber auch anstrengend, weil das Frankenland ganz schön hügelig ist.

Bei einer Tour hat sich Opa ganz schön vertan, denn er glaubte, dass auf der Hälfte der Strecke ein Freizeitpark mit einer Einkehrmöglichkeit wäre. Da stand zwar auf der Radkarte etwas von irgendeinem Park, aber das war ein riesiger Solarpark und weit und breit kein Lokal. Das war Opa so peinlich, dass er im nächsten Dorf eine Wirtin, deren Gasthof nur abends geöffnet hatte, überredete, uns wenigstens ein Getränk und mir dazu ein Eis zu servieren. An den nächsten Tagen haben dann meine Großeltern vorsichtshalber die Wanderkarten genauer unter die Lupe genommen.“

Na, nun kamen auch Opachewskys mal zu Wort. „Nein, verreisen können wir nicht. Wir würden ja auch gar nichts von der schönen Landschaft sehen, denn wenn wir ans Tageslicht kommen, sind wir blind wie die Maulwürfe – so sagt man doch bei Euch Menschen? Ganz wenig können wir zwar erkennen, aber das ist, als läge ein Nebelschleier über den Augen.

Schwimmen können wir schon gar nicht und Fahrradfahren würde auch nicht funktionieren, denn wir hätten ja gar keinen Daumen, um die Fahrradklingel zu benutzen. Ich glaube aber, unsere Kinder sind auch so zufrieden. Im Frühjahr lernen sie spielerisch, Gänge zu graben, im Sommer und Herbst Engerlinge zu fangen und für den Winter zu trocknen und in der kalten Jahreszeit halten wir unseren Winterschlaf. Natürlich schlafen wir nicht 24 Stunden, aber wenn wir wach sind, erzählen wir uns spannende Geschichten, die wir entweder selbst erfinden oder von anderen gehört haben.“

„Au, fein, dann komme ich bald wieder und erzähl Euch noch ein paar Erlebnisse von mir“, versprach Naomi, „aber das dauert jetzt ein paar Tage, weil ich erst noch ein Wochenende lang zu den anderen Großeltern fahre und dann mit einer Freundin zu deren Tante. Viel Spaß bis dahin und bleibt schön gesund!“

Wenn Ihr erfahren wollt, ob Opachewskys unsere Naomi wiedergetroffen haben, müsst Ihr wohl etwas warten, ob es hier eine Fortsetzung der Geschichten geben wird.

Dieses Buch ist nicht nur unserer Enkeltochter Naomi sondern all jenen gewidmet, denen ich eine gefühlte Ewigkeit mit meinem Wunsch, dieses Werk zu vollenden, auf die Nerven gegangen bin, sowie den Eltern meiner Enkeltochter, die diese zu uns in den Urlaub geschickt haben und durch die diese Geschichte überhaupt erst entstanden ist.

Danksagung

Zunächst darf ich meiner Frau Renate danken, die mir ans Herz legte, diese Geschichte für unsere inzwischen erwachsene Enkeltochter zu Papier zu bringen.

Meinem Schwiegersohn Erik Grösch, der ja eine künstlerische Ader hat, habe ich die Zeichnungen zu verdanken.

Und die Korrektur und den Umbruch der Seiten hat mein Sohn Karsten freundlicherweise übernommen.